AF457658

27n
643

UN POÈTE BORDELAIS

AUSONE

ETUDE BIOGRAPHIQUE ET LITTÉRAIRE

PAR

L'Abbé P.-G. DEYDOU,

Professeur de Rhétorique au Petit-Séminaire de Bordeaux

Discours prononcé à la Distribution des Prix le 24 Août 1867

PRIX : 50 CENTIMES

BORDEAUX

TYP. Ve JUSTIN DUPUY & Comp.

rue Gouvion, 20

1867

EMINENCE [1],

MESSIEURS.

S'il était permis de louer les vivants, le choix du héros nous serait facile; la tâche seule deviendrait malaisée. Mais à l'égard des modèles qui sont devant nos yeux, dont nous entendons les éloquentes paroles, dont nous voyons les œuvres, dont nous-mêmes sommes l'œuvre aimée, nous n'avons qu'une liberté, la liberté de l'admiration. Force nous est donc d'admirer en silence, et d'aller remuer la poussière des siècles, pour voir si dans nos annales il ne reste plus de noms illustres à célébrer.

Nos devanciers ont pris la fleur de ces vieilles gloires locales, nous condamnant ainsi à un changement prochain de sujet et de genre. Or, voici que nous touchons à l'heure de ce changement.

Pour ménager la transition, nous avons choisi cette année un personnage dont la vie et les écrits, objet sur plusieurs points de contradiction pour la critique, prêtent au blâme autant peut-être qu'à la louange.

(1) Son Eminence le Cardinal Donnet.

Il en est parmi vous, nous le savons, Messieurs, qui, semblables à l'Athénien, fatigué d'entendre appeler toujours Aristide *le juste,* accusent de monotonie notre usage de louer tous les ans un héros ou un saint; ceux-là du moins auront satisfaction. Nous leur présentons un écrivain qui fit de son talent un assez pauvre usage, que nous croyons avoir été chrétien, et qui a mérité (chose grave!) d'être pris pour un païen ; et quant à vous, Messieurs, qui préférez les traditions fidèlement suivies à des innovations plus ou moins heureuses, nous comptons sur le nom du personnage pour vous intéresser, et vous disposer à l'indulgence. C'est un Bordelais, c'est Ausone, le précepteur et l'ami de notre saint Paulin.

A l'époque où naquit Ausone, c'est-à-dire au commencement du quatrième siècle de l'ère chrétienne (1), Bordeaux n'était plus l'informe *bourg des Gaulois-Bituriges* (2), composé de quelques huttes de roseaux habitées par des pêcheurs, défendu par des remparts de terre et de bois. C'était une belle cité Gallo-Romaine, entourée de hautes murailles flanquées de tours superbes. Quatorze portes y donnaient accès; de larges places, des rues droites comme celles des villes modernes, des maisons d'une gracieuse architecture, égales en hauteur et uniformes d'apparence, une fontaine monumentale en marbre de Paros (3), un bassin intérieur qui laissait remonter jusqu'au centre de la ville avec les eaux du fleuve les vaisseaux et les barques à

---

(1) En 309 ou 310.

(2) Burgus-Gallorum, étymologie la plus probable du nom de Bordeaux.

(3) La fontaine *Divone*.

l'heure du flux [1], faisaient déjà de Burdigala la reine et la perle du Midi [2].

Elle avait un sénat et des consuls comme Rome, et les patriciens de la seconde Aquitaine qui formaient pendant l'hiver la société aristocratique de cette capitale, allaient passer l'été dans de riches villas suspendues au flanc des collines ou assises dans les plaines fertiles qui bordent la Garonne et la Dordogne [3].

La vie intellectuelle était active à Bordeaux comme la vie commerciale, et l'école où enseignaient le célèbre Minervius, et Ménesthée, et Thalassus, n'était pas moins renommée dans l'empire que celles d'Aquilée, de Trèves ou d'Autun [4].

C'est à cette école que le médecin bazadais, Jules Ausone, conduisit de bonne heure son fils Magnus [5]. L'enfant avait l'esprit ouvert et le travail facile, et son horoscope, tiré secrètement par un aïeul qui se piquait de connaître l'astrologie, avait été plein de promesses [6].

A part cette marque de superstition, tout paraît avoir été chrétien dans la famille d'Ausone : le père exerçait gratuitement son art [7]; la mère a mérité un éloge décerné autrefois aux matrones romaines, et qu'on dirait emprunté à

---

(1) Le port ou canal *Navigère.*

(2) Ausone : Claræ Urbes-*Burdigala.* Voir aussi Dom Devienne : *Hist. de Bourdeaux*, t. I.

(3) Ausone : Claræ Urbes-*Burdigala.*

(4) Ausone : Commemoratio professorum Burdigalensium.

(5) Jules Ausone s'était fixé à Bordeaux avant la naissance de son fils.

(6) Ausone : Parentalia : *C. A. Arborius avus.*

(7) Obtuli opem cunctis poscentibus artis inemptæ. (Aus. Epicedium in patrem.)

l'éloge de la femme forte (1). L'un et l'autre avait une sœur consacrée à Dieu par le vœu de virginité (2).

Mais si le foyer domestique était chrétien, l'enseignement public était païen, comme les monuments, comme les institutions, comme les coutumes. On différait le baptême comme on diffère aujourd'hui la pénitence, jusqu'au moment de la mort. La jeunesse goûtait plus les plaisirs de l'amphithéâtre et des Thermes que les austères leçons de l'évêque. Le jeune Ausone, séduit par l'éclat des fables grecques, respirait plus à l'aise sous les élégants portiques du temple de la *Déité Tutélaire* (3), que dans les froids souterrains de la crypte chrétienne où dormaient les reliques des premiers prédicateurs de la foi (4).

De Bordeaux il passa à Toulouse, où son oncle maternel, Arborius, rhéteur fameux du temps, acheva de l'initier aux secrets de son art.

Hélas! l'art sublime de Cicéron et de Quintilien n'avait plus, depuis longues années, d'application possible à un autre sujet que le panégyrique de l'empereur régnant; les déclamateurs avaient succédé aux orateurs, et l'éloquence des maîtres (nous le disons sans jeu de mots), était une éloquence d'écolier.

---

(1) Fama pudiciæ, lanificæque manus. (Aus. Parentalia.)

(2) Crevit devotæ virginitatis amor

. . . .

Quique œvi finis, ipse pudicitiæ.

(Aus. Par. Æmilia Hilaria, virgo devota.)

Innuba devotæ quæ virginitatis amorem,

Parcaque anus coluit.

(Aus. Par. Julia cataphronia, virgo devota.

(3) La divinité tutélaire des Bordelais avait un temple fameux dont nos ancêtres appelaient les ruines *Piliers de Tutelle*.

(4) Hors des murs, au lieu ou s'élève l'église Saint-Seurin.

En Orient, il est vrai, à la même époque, Libanius faisait de brillants élèves, qui ne tardaient pas à l'éclipser lui-même. Mais en Orient le mélange des races n'était pas venu précipiter la décadence du génie grec ; et puis, au sortir des écoles d'Athènes ou d'Antioche, les Grégoire, les Basile, les Chrysostôme se jetaient à corps perdu dans les œuvres du zèle chrétien, et la flamme de la charité surnaturelle remplaçait avantageusement, comme principe inspirateur, la flamme du patriotisme antique ; et dans le salut des âmes à procurer, dans la foi catholique à défendre contre les sophistes, à maintenir contre les sectaires, ils trouvaient l'emploi le plus heureux de leurs merveilleux talents.

D'un autre côté, la lyre de Virgile et d'Horace ne rendait plus que des sons affaiblis. Aux jours brillants du siècle d'Auguste, il n'y avait plus de divinités, mais il y avait encore une patrie, et cette patrie était reine. Pour les chantres de la décadence, Rome n'était pas toujours la patrie ; d'ailleurs, depuis que les Césars l'avaient désertée, elle semblait découronnée de son prestige ancien, et les yeux profanes ne savaient pas reconnaître l'aurore de sa splendeur nouvelle, qui se confondait, à vrai dire, avec le crépuscule de sa splendeur d'autrefois.

Mais non, les sujets ne manquaient pas à la poésie. Si, recevant le baptême de l'eau et du feu, elle était allée fouiller ces forêts druidiques d'où Martin chassait les idoles ; si, descendant au Colisée, elle eût baisé religieusement la poussière rougie par le sang des martyrs ; si, relevant la tête et apercevant la croix au fronton du Capitole, elle eût chanté la conversion de Constantin, les désastres de l'Apostat et la victoire définitive du Christ sur le monde idolâtre, nous plaindrions-nous aujourd'hui de la stérilité de l'esprit humain à cette époque, et reprocherions-nous à Ausone son pédantisme et sa frivolité? Mais les imaginations étaient encore païennes, la langue se prêtait mal à l'expression des idées nouvelles; pour être un grand orateur ou un grand poète, il ne suffisait pas d'être homme de génie, il fallait être un saint. Le disciple d'Arborius n'était ni l'un, ni l'autre.

L'horizon de son choix ne pouvant être le *Forum*, et n'étant pas l'Eglise, fut un de ces amphithéâtres où lui-même venait écouter et applaudir, et où un grammairien, comme on disait alors [1], où un rhéteur habile, commentait les prosateurs et les poètes, et lisait ses propres travaux, donnant pour modèles à la jeunesse studieuse les *Déclamations* qu'il élaborait lui-même, sans se proposer d'autre but que les applaudissements de ce public restreint.

Ausone, après avoir exercé quelque temps la profession d'avocat, monta donc dans la chaire pédagogique, et dépassa bientôt en renommée ses collègues et ses maîtres. Il eut, plus tard, la charitable pensée de consacrer à chacun d'eux quelques vers, que les érudits seuls connaissent, car, les exagérations d'un Gascon du quatrième siècle n'ont pu sauver ces noms de l'oubli. Permettez-nous, Messieurs, d'en exhumer quelques-uns pour vous montrer Ausone au milieu de la terne pléïade dont il était le soleil, et pour vous aider à comprendre ce que nous dirons de lui comme écrivain :

C'est d'abord « Minervius, *le maître,* nouveau Quinti» lien quand il enseigne, nouveau Démosthènes lorsqu'il

(1) Le grammairien était à la fois littérateur et philologue, professeur de grammaire et professeur d'humanités.

» parle; son éloquence est un torrent qui roule de l'or » sans mélange d'aucun limon. »

Puis c'est « Alethius, le seul que son temps puisse op- » poser aux âges écoulés; Alethius, qui, par un prodige » sans précédent dans l'histoire des lettres grecques et » latines, joint la palme du *Forum* à la couronne des » Muses. »

Luciolus partage, avec Alethius, cet honneur que ce dernier ne partageait avec personne.

Patera, « issu des druides, beau dans sa vieillesse comme » l'aigle ou le coursier. »

Népotien, « qui savait et parler et se taire, Ulysse, dont le » chant des Sirènes ne put suspendre la marche, se serait » arrêté pour entendre Népotien. »

Victorinus, sous-maître ou suppléant d'Ausone, figure originale, dont l'*Hermagoras* (1), de La Bruyère semble être la copie ou le digne pendant. « Il n'étudiait que les » livres inconnus, les parchemins poudreux et rongés des » vers. Il savait une foule de choses inutiles : les règles li- » turgiques d'avant Numa, la législation de Minos, celle » même de Thémis aux jours de l'âge d'or; mais la mort » l'empêcha d'arriver aux connaissances nécessaires qu'il » se proposait d'acquérir (2). »

C'est avec ces hommes et bien d'autres non moins oubliés, qu'Ausone rivalisait de bel esprit et de pédantisme.

Pour la seconde fois, Messieurs, ce mot nous échappe. C'est qu'en effet, le pédantisme, dans la plupart des productions de notre compatriote, vient étouffer la poésie

---

(1) La Bruyère. ch. *de la Société et de la conversation.*

(2) Voir pour tous ces personnages, Ausone, *Commemorr. profess. Burdigal.*

sous un fatras indigeste d'érudition mythologique et philologique. Pédantisme dans les titres de ses pièces : c'est l'*Ephéméris*, c'est le *Griphe*, c'est le *Technopægnion*, l'*Epicedium*, le *Protrepticum*, le *Genethliaticon* (1). Pédantisme dans l'exécution, depuis la pièce la plus sentimentale ou la plus gracieuse, jusqu'à la plus froide ou la plus solennelle ; pédantisme jusque dans la simple bluette : pédantisme jusque dans l'obscène, qu'il s'est permis une seule fois.

Frivolité aussi : frivolité dans le choix des sujets et dans la manière de les traiter. Croirait-on, si l'on n'avait le livre sous les yeux, que ce poète, admiré dans tout l'Empire, accomplit avec les mots des tours de force plus étranges que ceux des baladins et des jongleurs de nos places publiques ? Il fera des vers dont le premier et le dernier mot seront un monosyllabe, et le même monosyllabe ; d'autres fois, ce seront des vers composés moitié de mots grecs, moitié de mots latins. Tout lui est matière de vers : les faits historiques et les membres du corps humain ; les noms des empereurs et les lettres de l'alphabet : il a mis en vers le calendrier ; il aurait versifié le système métrique, qui n'y eût rien gagné (2).

Avec cela, ou malgré cela, on devenait comte du palais impérial, questeur, préfet de province et même consul.

---

(1) *Ephemeris* : επι ημερα, la journée du poète.

Griphe : γριφος, rets, jeu d'esprit où le poète énumère les choses qui sont au nombre de trois.

Technopœgnion : τεχνη παις, jeu d'enfant, ou art puéril.

Epicedium : επι κηδομαι. Complainte ou chant funèbre.

Protreptricum : προ τρεπω. Exhortation.

Genethliaticon : γενος. Chant pour l'anniversaire d'une naissance.

(2) Voir Ausone, Technopœgnion : de feriis, de calendis, nonis et idibus, etc.

Toutefois, ne soyons pas injuste : Ausone avait une imagination riante et une âme capable d'affection. Il a trouvé, pour saluer sa maison de campagne, des accents qu'Horace n'eût pas désavoués (1) :

Salve, hœrediolum, majorum regna meorum.

. . . .

Fons propter, puteusque brevis.........

Son idylle *des Roses* a été longtemps attribuée à Virgile : dans les *Parentales*, sorte de chants funèbres sur la mort de ses proches, on entend plus d'une fois le cri du cœur (2) ; et lorsque, chantant les grandes cités de l'Empire, il arrive à sa ville natale, sa voix s'élève au ton de l'enthousiasme, et alors il n'est pas besoin d'être Bordelais pour se sentir ému.

Mais ses meilleurs ouvrages furent, sans contredit, deux des élèves qu'il forma.

L'un était l'héritier d'un grand nom et d'une grande fortune, c'était le fils du sénateur Paulinus. Un nombre considérable de clients se pressaient, chaque matin, autour de la demeure du vieux patricien bordelais, sur la hauteur encore appelée *Puy-Paulin*, et de la villa de *Pauliacum* (Pauillac), à la métairie d'*Hébromagus* (3), d'*Hébro-*

(1) Salut, petit domaine où régnaient mes ancêtres.

. . . .

Une source tout près, un puits sans profondeur.

(Edyllium : *Villula Ausonii*. — Cf. Horace, livre II, sat. II. *Hoc erat in votis*)...

(2) On a remarqué dans l'épitaphe de son petit-fils un vers qui rappelle un des mots les plus charmants de Mme de Sévigné : « La bise de Grignan me fait mal à votre poitrine. » Cet enfant était mort frappé à la tête par une tuile tombée d'un toit ; le poète dit :

Illa meum petiit tegula missa caput. *(Parent.)*

(3) On ne sait trop où était située Hébromagus ; l'opinion la plus fondée place ce lieu à Bourg-sur-Gironde.

magus, au port d'*Alingo* (Langon), les Paulins *régnaient* partout, comme certain marquis de nos contes de fées. Leurs domaines s'étendaient même dans le midi de la Gaule, et jusqu'au-delà des Pyrénées. Le futur possesseur de ces richesses joignait à un talent naturel très marqué pour la poésie et l'éloquence, un cœur aimant, généreux, un caractère doux et un peu rêveur ; et quand, plus tard, dégoûté du monde, il se fut retiré en Espagne avec son épouse Thérasie, il écrivait à son maître vieilli : « Si dans » mes actions ou dans mon génie, Dieu a vu quelque chose » qui méritât ses faveurs, à toi mon premier acte de re- » connaissance ; la gloire t'en revient, je dois à tes leçons » ce que le Christ a aimé dans Paulin (1). »

Le second disciple d'Ausone dont nous devons parler, c'est Gratien.

La renommée du rhéteur aquitain était grande dans tout l'Occident, et quand l'empereur Valentinien Ier voulut donner à son fils un précepteur, il dédaigna les professeurs de l'école de Trèves, bien qu'il eût sa cour dans cette ville, et manda près de lui le poète de Bordeaux.

Ausone accourut, et son voyage nous a valu le poème de *la Moselle*, au sujet duquel son ami Symmaque lui écrivait : « Ton chant divin vole de main en main, et je le place à côté des livres de Virgile (2). »

---

(1) Si quid in actu,
Ingeniove meo sua dignum ad præmia vidit,
Gratia prima tibi, tibi gloria debita cedit,
Cujus præceptis partum est quod Christus amaret.
(S. Paulin, Ep. I à Ausone.)

(2) « Volitat tuus Mosella per manus, divinis à te versibus consecratus. Ego hoc tuum carmen libris Maronis adjungo. » (Epist. Symmachi ad Auson. inter opera Ausonii.)

Il y avait loin pourtant de *la Moselle* aux *Géorgiques*. Le maître de la critique moderne, M. Villemain, l'a remarqué : Dans ce dernier poëme, Virgile chante « *la vie Romaine* (1) ; » le dur peuple des campagnes du Latium y respire, avec ses habitudes laborieuses, et la vieille gloire de ces dictateurs agrestes qu'on allait prendre à la charrue. Dans la *Moselle*, au contraire, nous avons le type du poëme descriptif proprement dit, genre de décadence, propre à ces époques où le poète n'osant plus aborder les grands sujets, et ne sachant pas étudier l'homme, se borne à considérer la nature extérieure dans un miroir qui la rapetisse, et à la dépeindre en vers ingénieux, mais froids. C'est une élégante description des bords arrosés par la Moselle. Ausone y retrouve avec bonheur l'image de sa patrie, les villas ombreuses, les côteaux couverts de vignobles, les eaux courantes, ce vaste lit qui porte des navires comme les grands fleuves, qui a un flux et un reflux comme la mer, et des flots transparents commé ceux des lacs. Mais bientôt l'érudition apparaît, et la description d'abord animée par ce souvenir du pays natal, fait place à l'énumération savante des poissons qui peuplent ces ondes. C'est tout un chapitre d'histoire naturelle dont la longueur ne disparaît pas sous l'élégante précision du langage. Puis viennent les divinités de la rivière, ses affluents, les jeux des bateliers, la pêche avec ses péripéties diverses ; puis le ton devient plus solennel : « il ne manque à la Moselle qu'un Homère pour la chanter, et elle l'emportera sur le Simoïs, ou qu'un Virgile, et elle égalera le Tibre ; comme l'Italie, la Gaule Belgique est une terre féconde en moissons et en hommes

(1) M. Villemain, *Tableau de la litt. au XVIIIe siècle,* tome II, leçon 26.

illustres [1]; » et lorsqu'avec la rivière dont il suit le cours, Ausone entre dans les eaux du Rhin, il ne tient qu'à nous de reconnaître en lui le véritable poète, le *voyant* de l'antiquité, car, en forçant un peu le sens de ses vers, nous y trouvons une prophétie des futures destinées de ce fleuve, qui fera trembler la France et la Germanie, et qui sera la frontière naturelle de ces deux contrées :

> Accedent vires quas Francia (2), quasque Camaves,
> Germanique tremant; tunc verus habebere limes (3).

Gratien fut digne du maître de saint Paulin. Quand la mort de Valentinien l'eut fait monter sur le trône, il fit acte de piété en refusant le titre de Souverain-Pontife que les empereurs chrétiens avaient gardé jusqu'à lui, et acte de sagesse en s'associant Théodose, qui fut plus grand que le grand Constantin. Et vous allez voir, Messieurs, quelles leçons donnait ce maître que l'on voudrait faire passer pour un païen.

Un jour, une lettre est remise à Ausone; elle porte le sceau officiel. Cette lettre est ainsi conçue : « Lorsque seul, » je songeais en moi-même au choix qu'il me fallait faire » des consuls pour l'année qui va s'ouvrir, j'ai demandé la » lumière de Dieu, comme vous savez que je fais toujours, » comme c'est mon devoir, *comme je sais que vous le vou-* » *lez vous-même.* Obéissant à son inspiration souveraine, » c'est vous que j'ai désigné et déclaré consul, et que j'ai » nommé le premier. Je paie une dette, et cette dette reste

(1) Cf. Virgile, Géorg. l. II. Eloge de l'Italie, v. 135, etc.

(2) Francia, c'est la portion de la Germanie, habitée alors par les Francs.

(3) Grossi de la Moselle, tu feras trembler la France, les Camaves et les Germains ; alors tu seras leur véritable limite.

» entière. (1) » En même temps le jeune César envoyait à son ancien précepteur la trabée qu'avait portée l'empereur Constance.

Il faut voir avec quelle joie enfantine le vieux poète rendit grâces dans une harangue de remerciement qui fait pâlir toutes les fades louanges du panégyrique de Pline le jeune! Il s'extasiait sur chaque phrase de la lettre impériale, d'ailleurs si délicate; le moindre mot était pour lui plein de choses; et quand on le suit, commentant toutes les expressions, s'exclamant sur toutes les nuances de sens qu'il y saisit, sur la construction et la contexture de chaque phrase, on se le figure aisément dans sa chaire de professeur, épuisant sur un vers de Virgile ou sur une période de Cicéron toutes les interprétations les plus ingénieuses et les plus subtiles, et toutes les formules les plus admiratives.

Après la mort tragique de Gratien (2), l'ex-consul revint à Bordeaux, dans *ce nid de sa vieillesse*, comme il disait (3).

De là, il correspondait avec ses amis, au nombre desquels il faut mettre ce bon paysan Médocain, nommé Théon, qui lui envoyait d'excellentes huîtres et de méchants vers, et qu'on pouvait impunément railler sur la

---

(1) Cùm de consulibus in annum creandis solus mecum volutarem, ut me nosti, atque ut facere debui, ut velle te scivi, consilium meum ad Deum retuli. Ejus auctoritati obsecutus, te consulem designavi, et declaravi, et priorem nuncupavi. Palmatam tibi misi, in quâ divus Constantius parens noster intextus est. Solvi quod debebam, et adhùc debeo quod solvi. (Aus. Gratiar. act pro consul.)

(2) Victime, comme on sait, d'une conspiration militaire qui avait pour chef l'usurpateur Maxime.

(3) Aus: Mosella.

pesanteur de son esprit, enseveli dans un gros corps (1).

Il invitait ses correspondants, par des épîtres badines, à venir le visiter dans sa ville de Lucaniac (2), ou dans ses domaines de Saintonge, leur promettant toutes les douceurs d'une vie sybaritique.

Ses écrits de ces jours de calme et de désœuvrement portent l'empreinte d'un goût plus épuré et d'un esprit plus sérieux ; il y a même dans quelques-uns, dans l'*Exhortation à son petit-fils*, par exemple, quelque chose d'attendri qui mouille les yeux et fait sourire en même temps (3).

Tout à coup l'âme d'Ausone fut affligée par un chagrin qui peut-être éveillait un remords. L'ami de son cœur, le fils de son esprit, ce disciple qui avait égalé le maître, et qui vivait avec lui dans un perpétuel échange d'aimables vers et de procédés affectueux, Paulin, qui, jusqu'alors, avait, lui aussi, coulé ses jours au milieu des enchantements de la vie mondaine, s'était senti touché par la grâce. Cédant aux pieuses instances d'une épouse, digne émule de ses nobles contemporaines, les Marcelle, les Paule et les Mélanie (4), Paulin venait de recevoir le baptême des mains

---

(1) Epist. V, VI, VII, VIII. On trouve dans ces épîtres de curieux détails sur le Médoc, ses productions, ses industries, etc.

(2) On est toujours fort divisé d'opinion sur la situation de cette villa. On la place généralement à Lugagnac, près de Brannes. Une opinion récente voudrait la placer dans le Bas-Médoc. Voir l'*Aquitaine* de 1866, articles de MM. Burgade, Mezuret, Cauderan.

Non nostrum inter *eos* tantas componere lites.

(3) Protrepticum ad nepotem.

(4) Cette dernière était parente de Paulin. L'*Histoire de Sainte Paule*, par l'abbé Lagrange, vicaire-général d'Orléans, fait admirablement ressortir l'influence de ces saintes femmes sur la société romaine de ce temps. — On trouve aussi quelques belles pages sur ce sujet dans le premier volume des *Moines d'Occident*, par M. de Montalembert, chap. III. *Les précurseurs monastiques en Occident.*

de l'évêque Delphin, et s'était retiré en Espagne. Le bruit courait qu'il allait affranchir tous ses esclaves, mettre en vente ses immenses domaines pour en distribuer le prix aux pauvres, et vivre lui-même en pauvre de Jésus-Christ.

Alors, comme aujourd'hui, Messieurs, une telle conduite passait pour folie ; Ausone se désolait à la pensée de voir une maison princière livrée au pillage, et les *royaumes* des Paulins (c'était son expression), morcelés, et partagés entre cent maîtres [1]. De plus, tout s'était fait à son insu ; n'y avait-il pas, dans cette façon d'agir si mystérieuse, plus que de la discrétion ? N'était-ce pas froideur et défiance ?

Telles sont les pensées que révèle une première épître d'Ausone à son disciple, épître touchante et poétique, bien que l'expression des sentiments y paraisse un peu outrée [2].

Elle n'arriva pas à son adresse, et Paulin ne put y répondre. Ausone interpréta ce silence, et l'attribua à Thérasie, qu'il traita, dans une seconde épître, de nouvelle Tanaquil [3]. Cette lettre eut le sort de la première. Aussi, dans une troisième épître, l'exaspération du vieillard se manifesta par un redoublement d'invectives contre les impies qui lui ravissaient le cœur de son ami, et par un retour de cette verve érudite qui avait marqué d'un cachet de pédantisme tant de ses premières productions : « Tout » a une voix dans la nature, disait-il ; les ennemis répon-

[library stamp]

(1) Ne sparsam, raptamve domum, lacerataque centum
Per dominos, veteris Paulini regna fleamus.
(Auson. Epist. XXIII.)

(2) Epist. XXIII.

(3) Epouse impérieuse de Tarquin l'Ancien. (Epist. XXIV.)

» dent quand on leur parle ; la pierre renvoie le son qui la » frappe ; la mer mugit contre les récifs, les ruisseaux » murmurent, les grands pins gémissent, la cymbale ré- » sonne, etc., etc., Paulin seul est sans voix comme le » Dieu du silence ; il lui en coûterait cependant si peu d'é- » crire ces deux mots : *Salve, vale*, — *salut, adieu.* » Il terminait en suppliant les Muses grecques de rendre un poète aux Muses du Latium (1).

Paulin reçut les trois missives à la fois, et répondit en vers pour tempérer les regrets du vieux poète. Il y eut dans sa réponse moins d'emphase et de déclamation que dans les épîtres de son maître, mais du moins il allait droit au but, et, dans un style tour à tour tendre et ferme, il déclarait « qu'il n'était point un ingrat, qu'il n'oublierait » jamais son protecteur, son précepteur, son père ; qu'il » cesserait plutôt de vivre que de l'aimer ; mais qu'il » avait renoncé au culte des Muses pour se donner tout » entier à Jésus-Christ, dont il redoutait les sévères juge- » ments (2). »

Quatre ans après, selon toute apparence (3), Ausone avait cessé de vivre, et Paulin, devenu prêtre, allait se fixer à Nole, en Campanie, près du tombeau de saint Félix.

L'auteur de *la Moselle*, si nous en croyons quelques anciens, aurait été frappé du langage austère de son disciple, et, avant de mourir, il aurait reçu le saint baptême (4).

---

(1) Epist. XXV.

(2) Epist. Paulini ad Auson. I, II, III.

(3) 394.

(4) Si les preuves écrites de ce fait ne sont pas péremptoires, l'usage du temps suffit à en établir la probabilité, Ausone ayant toujours été chrétien de croyance, comme nous le démontrons.

Nous le croyons sans peine, car, pour nous, Ausone est chrétien, et, avant que de terminer, il est de notre devoir de justifier cette assertion.

Nous savons par Ausone que, dans sa famille, il y avait plusieurs vierges consacrées à Dieu ; c'est là, on le reconnaitra, un premier indice de christianisme (1).

Nous lisons, de plus, dans ses œuvres, deux prières où le dogme chrétien est énoncé dans toute sa rigueur ; on trouve dans l'une et dans l'autre une profession de foi très expresse au péché originel, aux prophéties de l'Ancien Testament, à l'Incarnation, à la Rédemption, à la vie éternelle. On lui conteste, il est vrai, la paternité de ces deux pièces ; l'une est, dit-on, d'un style et d'une forme trop bizarres pour être de lui (2). Ce sont des vers commençant par un monosyllabe, et composés chacun de cinq mots, tous plus longs d'une syllabe que le mot précédent. Nous répondons qu'il n'y a rien là de plus étrange que dans ces horribles jeux d'esprit dont nous avons parlé, et qui certainement sont d'Ausone. L'autre se rencontre dans quelques manuscrits des œuvres de saint Paulin, ce qui ne prouve rien, car si on la retranche de l'*Ephéméris* d'Ausone, on laisse dans ce poème une lacune qui la suppose et la réclame impérieusement (3).

Mais ce qu'on ne peut contester à notre poète, c'est le témoignage que lui rendait Gratien dans la lettre que nous

---

(1) Une de ces vierges était sœur du père, l'autre sœur de la mère d'Ausone ; il s'ensuit que des deux côtés le christianisme était entré en cette famille.

(2) *Oratio consulis Ausonii, versibus ropalicis.* On appelle vers ropaliques, ceux qui vont toujours grossissant du premier mot au dernier, à la façon d'une massue, en grec *ροπαλον*.

(3) Il serait difficile de croire qu'Ausone aurait fait toute la pièce, sauf la prière, dont il aurait chargé saint Paulin.

avons citée : « J'ai demandé les lumières de Dieu, *comme » je sais que vous voulez que je le fasse.* »

C'est la profession de foi explicite à la Sainte-Trinité, contenue non pas seulement dans une pièce légère, *le Griphe* (1), mais encore dans la première idylle, intitulée : *Vers sur la fête de Pâques*, idylle parfaitement chrétienne et dans la forme et dans le fond (2).

C'est la reconnaissance formelle du Dieu unique dans son discours de remerciement pour le consulat (3).

C'est la prière pour les morts demandée et pratiquée dans l'épitaphe de son beau-frère, *Sanctus* (4).

Ce sont les vers de ses épîtres, où il dit, tantôt, qu'il va revenir à la ville parce que la fête de Pâques l'y rappelle (5); tantôt qu'il se hâtera de retourner aux champs dès qu'il aura célébré la sainte Pâque (6); enfin, ces mêmes épîtres à Paulin, où, avant d'invoquer les Muses grec-

---

(1) *Ter Deus unus.* (Griphus.)

(2) Sancta *salutiferi* redeunt solemnia *Christi,*

. . . .

Tu Verbum, Pater alme, tuum, natumque, Deumque.
Concedis terris.......

. . . .

Ut super æquoreas nabat qui spiritus undas.

Il y a dans cette pièce des vers identiquement semblables à des vers de la prière contenue dans l'*Ephéméris*.

(3) Mens ista quam de communi Deo hausisti......
Æterne omnium Genitor...
Supremus ille Imperii et consiliorum tuorum Deus conscius.....

(4) Ergo precare favens, ut qualia tempora vitæ,
Talia et ad manes otia Sanctus agat.

(5) Instantis revocant quia nos solemnia Paschæ.
(Epist. XI. Axio Paulo rhetori.)

(6) Nos etenim primis sanctum post Pascha diebus.
(Epist. XII. Paulo.)

ques, il a invoqué Dieu le Père et Dieu le Fils : *Genitor Natusque Dei* (1).

Son style est habituellement tout païen. — Eh! oui, sans doute ; mais c'est affaire d'imagination, de métier et d'habitude. Lisez nos humanistes de la Renaissance, et nos littérateurs du grand siècle, vous retrouverez dans leurs écrits ces formules allégoriques, ce cortége de nymphes, de muses, de dieux et de déesses, dont l'insurrection romantique a définitivement renversé les autels, et vous comprendrez qu'en un temps où les empereurs chrétiens eux-mêmes acceptaient la qualification de *divin*, et recevaient les honneurs de l'apothéose, en face des temples encore fréquentés de Jupiter et de Pallas, un mondain, un poète, sacrifiât, dans ses vers, à ces divinités que la littérature orthodoxe des Boileau et des Fénelon ne songeait pas à proscrire treize cents ans plus tard.

Et quant à la rudesse de quelques-uns des vers chrétiens d'Ausone, comparée au moëlleux de ses autres piè-

---

(1) Certa est fiducia nobis,
Si Genitor, Natusque Dei pia verba volentûm
Accipiat, nostro reddi te posse precatu.
(Epist. XXIII. Paulo.)

M. l'abbé Souiry, dans ses *Etudes sur saint Paulin*, soutient qu'Ausone n'était pas chrétien, et examine tous ces textes, sauf ce dernier, sur lequel il garde un silence prudent.

On lit plus bas :

Otiaque inter
Vitiferi exercent colles.........
. . . .
Celebrique frequens Ecclesia vico.

Nous n'avons pas usé de ce texte, parce que, malgré l'autorité de divers traducteurs, il ne nous paraît pas évident que le mot *Ecclesia* ne soit pas pris ici dans le sens d'*assemblée*.

ces, nous n'en sommes pas étonnés; les travaux de saint Jérôme n'ont pas encore vulgarisé en Occident le langage biblique, les profanes n'en sont pas nourris, et la langue latine a besoin de se convertir (1).

En somme, chrétien et lettré, chrétien de qualité inférieure, et lettré supérieur à ses œuvres, Ausone n'est pas un personnage vulgaire. En d'autres temps, il eût été plus grand; mais, tel qu'il se présente à nous, il fait honneur à Bordeaux; et si la capitale de la Guienne avait, comme la capitale du Languedoc, sa *Salle des Illustres* (2), Ausone y figurerait à son rang, à côté de saint Paulin, comme l'unique héritier du grand art de Virgile, au quatrième siècle, comme la gloire littéraire la plus éclatante du monde Gallo-Romain.

---

(1) Voir sur cette influence de la Vulgate une ingénieuse leçon d'Ozanam. *Comment la langue latine est devenue chrétienne.* (*Hist. de la civilis. chrét. au Ve siècle.*)

(2) Salle du Capitole de Toulouse, où sont les bustes de tous les Toulousains illustres.

BIBLIOTHEQUE NATIONALE DE FRANCE
3 7502 00988164 2

www.ingramcontent.com/pod-product-compliance
Ingram Content Group UK Ltd.
Pitfield, Milton Keynes, MK11 3LW, UK
UKHW022202190726
13855UKWH00004B/1587